10 11/06

W9-BEW-083

Las plantas

Las semillas

Patricia Whitehouse

Traducción de Beatriz Puello

Heinemann Library
Chicago, Illinois

Customer Service 888-454-2279
Visit our website at www.heinemannlibrary.com

Designed by Sue Emerson/Heinemann Library, Page layout by Carolee A. Biddle
Printed and bound in the U.S.A. by Lake Book

06 05 04 03 02
10 9 8 7 6 5 4 3 2 1

Library of Congress Cataloging-in-Publication Data
Whitehouse, Patricia 1958-
  [Seeds. Spanish]
  Las semillas / Patricia Whitehouse.
     p. cm. — (Plantas)
  Summary: Introduces the physical traits, function, and uses of seeds.
  ISBN 1-58810-779-5 (HC), 1-58810-826-0 (Pbk.)
  1. Seeds—Juvenile literature. [1. Seeds. 2. Spanish language materials.] I. Title. II. Plants (Des Plaines, Ill.)
  QK 661. W4518 2002
  581. 4'67—dc21   2001039944

Acknowledgments
The author and publishers are grateful to the following for permission to reproduce copyright material:
Title page, pp. 14, 16, 22T.L., 24T.L. E.R. Degginger Color Pic, Inc.; p. 4 Images International/Visuals Unlimited; pp. 5L, 23c Michael Gadomski/Bruce Coleman, Inc.; p. 5R Amor Montes de Oca; p. 6 Jerome Wexler/Visuals Unlimited; pp. 7, 15L, 21, 22B.L., 23d, 23e, 24B.L., Dwight Kuhn; p. 8, Mary Cummings/Visuals Unlimited; p. 9, 23a Tom Edwards/Visuals Unlimited; p. 10 Wally Eberhart/Visuals Unlimited; p. 11 David June; p. 12 Danny Camilli/Bruce Coleman Inc.; p. 13 Craig Mitchelldyer; p. 15R, 22R, 23b, 24R Walt Anderson/Visuals Unlimited; p. 17 Frank Lane Picture Agency/Corbis; p. 18 Rick Wetherbee; p. 19 Lynda Richardson/Corbis; p. 20 Rob and Ann Simpson

Cover photograph courtesy of Frank Lane Picture Agency/Corbis

Every effort has been made to contact copyright holders of any material reproduced in this book. Any omissions will be rectified in subsequent printings if notice is given to the publisher.

Special thanks to our bilingual advisory panel for their help in the preparation of this book:

Aurora García
Literacy Specialist
Northside Independent School District
San Antonio, TX

Argentina Palacios
Docent
Bronx Zoo
New York, NY

Ursula Sexton
Researcher, WestEd
San Ramon, CA

Laura Tapia
Reading Specialist
Emiliano Zapata Academy
Chicago, IL

The publishers would also like to thank Anita Portugal, a master gardener at the Chicago Botanic Garden, for her help in reviewing the contents of this book for accuracy.

Unas palabras están en negrita, **así.**
Las encontrarás en el glosario en fotos de la página 23.

Contenido

¿Qué son las semillas? 4

¿Por qué tienen semillas las plantas? 6

¿Dónde se forman las semillas? 8

¿De qué tamaño son las semillas? 10

¿Cuántas semillas pueden tener
   las plantas? 12

¿Por qué tienen distinta forma
   las semillas? 14

¿De qué color son las semillas? 16

¿Para qué nos sirven las semillas? 18

¿Para qué usan las semillas
   los animales? 20

Prueba 22

Glosario en fotos 23

Nota a padres y maestros. 24

Respuestas de la prueba. 24

Índice 24

¿Qué son las semillas?

Las semillas son una parte de las plantas.

Unas semillas están dentro de **frutas** y vegetales.

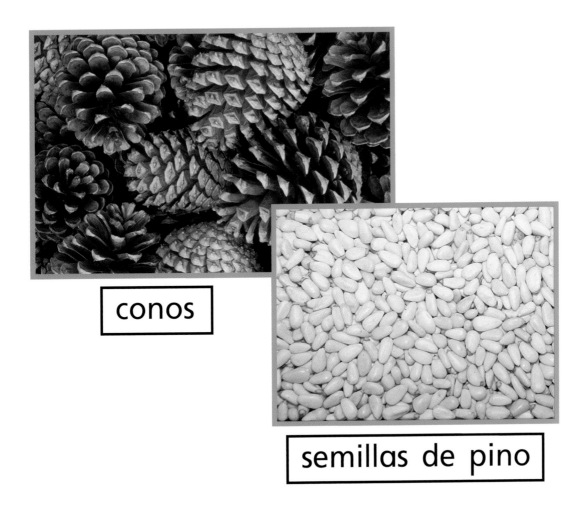

conos

semillas de pino

Otras semillas están dentro
de **conos.**

Las semillas salen cuando los conos
se abren.

¿Por qué tienen semillas las plantas?

De las semillas nacen nuevas plantas.

Las nuevas plantas son iguales
a la planta de donde nacen.

¿Dónde se forman las semillas?

Las semillas se forman en las plantas.

La flor de la planta hace las semillas.

La flor también hace una
envoltura para las semillas.

Se llama **fruto**.

¿De qué tamaño son las semillas?

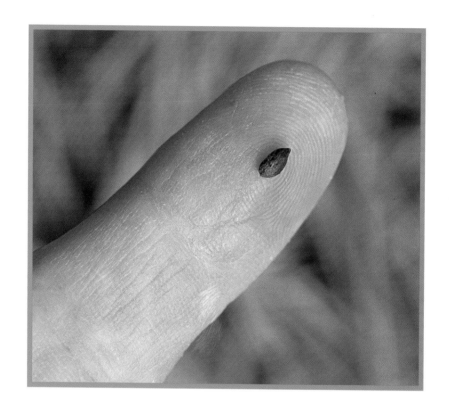

Las semillas son de muchos tamaños.

En la punta de un dedo caben muchas semillas pequeñitas como ésta.

Otras semillas son muy grandes.

Este coco es más grande que las manos de la niña.

¿Cuántas semillas pueden tener las plantas?

Unas plantas tienen una sola semilla.

Este aguacate tiene una semilla.

Otras plantas, como este diente
de león, tienen cientos de semillas.

¿Por qué tienen distinta forma las semillas?

puntas

Las semillas tienen muchas formas.

Unas semillas tienen una **punta**
que se entierra en el suelo.

alas

ganchos

Otras semillas tienen **alas**
y viajan con el viento.

Otras semillas tienen **ganchos**
y se pegan.

¿De qué color son las semillas?

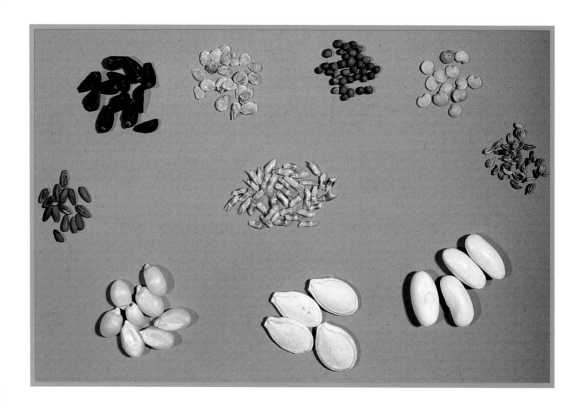

La mayoría de las semillas son negras, o de color café o tostado.

Unas semillas tienen un diseño.

Estas semillas de girasol tienen rayas.

¿Para qué nos sirven las semillas?

Las semillas nos sirven de alimento.

Unas veces comemos semillas crudas.

Otras veces molemos, exprimimos o cocinamos las semillas.

Las semillas se usan para cultivar plantas.

¿Para qué usan las semillas los animales?

Los animales también comen semillas.

Los pájaros, las ardillas, los elefantes y los monos comen semillas.

Unos animales se comen las semillas cuando las encuentran.

Otros las guardan para comérselas después.

Prueba

¿Recuerdas qué hacen estas partes de las semillas?

Busca las respuestas en la página 24.

Glosario en fotos

fruta, fruto
páginas 4, 9

punta
página 14

gancho
página 15

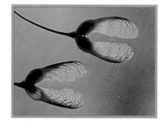
ala
página 15

cono
página 5

Nota a padres y maestros

Leer para buscar información es un aspecto importante del desarrollo de la lectoescritura. El aprendizaje empieza con una pregunta. Si usted alienta las preguntas de los niños sobre el mundo que los rodea. los ayudará a verse como investigadores. Cada capítulo de este libro empieza con una pregunta. Lean la pregunta juntos. Miren las fotos. Traten de contestar la pregunta. Después, lean y comprueben si sus predicciones son correctas. Piensen en otras preguntas sobre el tema y comenten dónde pueden buscar la respuesta.

Índice

alas 15

aguacate 12

animales 20, 21

colores 16

conos 5

diente de león 13

flor 8, 9

fruta 4

fruto 9

ganchos 15

planta . . .4, 6, 7, 8, 12, 13, 19

puntas 14

Respuestas de la página 22

se entierran

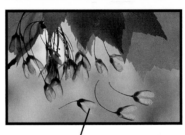

viajan con el viento

se agarran